Le grand livre des Contes de Noël

Piccolia

Textes : Denise Despeyroux
Illustrations : Óscar T. Pérez

5, rue d'Alembert
91240 Saint-Michel-sur-Orge
Dépôt légal : 3e trimestre 2011
Loi n°49-956 du 16 juilllet 1949
sur les publications destinées à la jeunesse.
Imprimé en Chine.

Le grand livre des Contes de Noël

Illustrations : Óscar T. Pérez *Textes :* Denise Despeyroux

Piccolia

Sommaire

Sommaire

Introduction

Dans ce livre, nous avons rassemblé des contes d'auteurs célèbres et des légendes ou des fables populaires de toutes les époques, traitant toutes du même sujet : la période de Noël et les fêtes de fin d'année. Lorsque nous avons fait nos recherches, nous n'imaginions pas ô combien il serait difficile d'en sélectionner quelques-uns et d'en éliminer d'autres. Sans conteste, le XIXe siècle fut l'âge d'or de la littérature d'enfance et de jeunesse.

Des auteurs, comme Hans Christian Andersen au Danemark, Charles Dickens en Angleterre, E. T. A. Hoffmann en Allemagne, O. Henry et Mark Twain aux États-Unis, et Anton Tchekhov en Russie, sont les grands noms de la littérature que nous avons sélectionnés pour toi.

N'en doute pas, ils font partie des meilleurs !

Nous avons choisi ces contes d'auteurs connus car ils concernent certes la période de Noël (la veillée ou le jour même) mais aussi des dates de fête particulières de notre calendrier : le jour de l'an, la venue et les cadeaux de saint Nicolas et du Père Noël bien sûr, ou la visite des Rois mages célébrée le premier dimanche du mois de janvier, lors de l'épiphanie.

Tu pourras également découvrir des légendes et des fables d'Italie, du Mexique ou de Grèce, qui te surprendront comme elles nous ont surpris aussi.

Hans Christian Andersen

La Petite Marchande d'allumettes

Hans Christian Handersen est l'auteur de contes célèbres, tel *Le Vilain Petit Canard* qu'il a écrit en s'inspirant de sa propre vie. Il en a créé d'autres, comme *La Petite Sirène* dans lequel il pointe du doigt la différence entre le monde de l'eau (la classe prolétaire) et celui au-dessus, la terre (la bourgeoisie). Dans *La Petite Marchande d'allumettes*, l'auteur met en scène le peuple de basse condition de son pays (le Danemark) et montre comment il est difficile de survivre. Lui-même fils d'un cordonnier et d'une blanchisseuse, Andersen a voulu nous faire partager à travers ces contes la condition misérable dont il était issu et qu'il n'a jamais oubliée… même après sa grande renommée d'écrivain !

La petite Marchande d'allumettes

Ce jour-là, il neigeait depuis le matin et faisait très froid. Le soir approchait… celui du dernier jour de l'année. Affrontant les rafales de vent par ce froid glacial, une petite fille marchait dans la rue. Elle était pauvrement vêtue, pieds nus et tremblait de froid…

En quittant sa masure ce matin-là, elle avait mis aux pieds de vieilles pantoufles bien trop grandes pour elle, que sa mère avait longtemps usées. Mais en traversant la rue précipitamment pour éviter une voiture, elle les avait perdues ! Elle eut juste le temps de voir un gamin s'enfuir avec l'une d'elles. Quant à l'autre, elle était complètement écrasée. C'est ainsi qu'elle continua son chemin…

Dans son vieux tablier, se trouvaient des allumettes. Elle en tenait un paquet à la main pour le vendre.

Mais, ce jour-là, veille du nouvel an, tout le monde était très occupé. Il fallait finir les dernières courses, préparer le repas du soir, décorer la maison… Personne ne faisait attention à cette petite fille dans la rue qui regardait les passants d'un air suppliant. C'est ainsi qu'en fin d'après-midi, elle n'avait pas encore vendu un seul paquet d'allumettes. Personne ne lui avait donné la moindre pièce de monnaie. Elle n'osait pas rentrer chez elle car sa famille serait si déçue et son père la battrait sûrement. Il comptait sur elle pour gagner un peu d'argent afin d'acheter le pain du dîner. Et puis, il faisait aussi froid dans leur misérable maison que dehors : malgré la paille et les chiffons qui bouchaient les fissures, le vent glacial

se faufilait partout. Découragée, la petite fille trouva une ruelle abritée et décida de s'y reposer un instant.

Elle s'assit sur le trottoir, en repliant ses jambes sous elle pour mieux se réchauffer. De là, elle pouvait admirer les belles demeures dont les fenêtres brillaient de lumières dorées. Elle pouvait même sentir la délicieuse odeur de l'oie qui rôtissait doucement dans le four pour le festin du soir.

L'enfant avait ses mains transies par le froid.

« Si je prenais une allumette, se dit-elle, une seule, et si je l'allumais pour me réchauffer les doigts ? »

C'est ce qu'elle fit. Elle frotta et pschtt ! Comme c'était beau et chaud ! Elle tint sa main autour de la flamme pour profiter de la chaleur. Il lui sembla qu'elle était assise devant un grand poêle en fonte où ronflait un feu éblouissant. Mais lorsque la petite fille approcha ses pieds du poêle, la flamme s'éteignit brusquement. Elle regarda tristement son petit morceau d'allumette à moitié consumé…

Elle frotta alors une seconde allumette. Une lueur se projeta sur le mur tout près d'elle et la petite fille imagina ce qui se passait dans la maison : la table était couverte d'une belle nappe blanche sur laquelle brillait de la vaisselle en porcelaine. Au milieu, trônait une

magnifique oie rôtie, farcie de pommes, qui fumait. Affamée, la petite fille saisit une fourchette… et puis plus rien. La flamme s'éteignit, et le mur redevint sinistre et gris !

L'enfant prit une troisième allumette. Pschtt ! Et tout à coup, elle se retrouva au pied d'un sapin de Noël, bien plus beau que celui qu'elle avait aperçu l'an dernier chez un riche marchand ! Sur ses branches vertes, brillaient mille bougies de couleurs. De tous côtés, pendaient des bonbons transparents et des jouets dorés. Au pied de l'arbre, une poupée lui tendait les bras. La petite fille approcha sa main pour l'attraper… mais l'allumette s'éteignit !

Elle frotta encore une allumette. Une grande lueur se répandit devant l'enfant et soudain, sa grand-mère apparut. Ses vêtements étaient nimbés d'une lumière éclatante et son visage reflétait tant de tendresse.

Pourtant le lendemain matin, des passants trouvèrent la petite fille sans vie, emportée par le froid. Elle tenait dans sa petite main les restes consumés d'un paquet d'allumettes.

On versa des larmes sur la pauvre enfant. Mais ce que personne ne savait, c'est toutes les belles choses que la petite marchande d'allumettes avait vues pendant la nuit du nouvel an. Ce qu'ils ignoraient tous, c'est que malgré ses souffrances, elle goûtait maintenant un bonheur immense dans les bras de sa grand-mère adorée !

Fin

Charles Dickens

Conte de Noël

Charles Dickens est l'un des romanciers les plus connus et les plus appréciés au monde. Il a lui-même connu dans son enfance une période marquée par la misère, qui lui a servi de source d'inspiration pour son œuvre. Dans ses livres, les héros sont souvent de jeunes gens d'origine modeste qui surmontent leurs difficultés et triomphent de l'adversité grâce à leur bonté et leur honnêteté. Fréquemment, ils doivent affronter un personnage avare et ignoble. Le héros du conte que tu t'apprêtes à lire, monsieur Scrooge, en est un exemple : c'est un personnage célèbre pour son avarice et sa mesquinerie. Disney a d'ailleurs produit un film sur cette histoire : *Le Drôle de Noël de Scrooge*

La veillée de Noël du vieux Scrooge

C'était la veille de Noël, la plus belle nuit de l'année pour la plupart d'entre nous. Mais le vieux Scrooge, à qui son commerce donnait beaucoup de travail, était d'humeur exécrable. Bob, son employé, n'était nullement surpris. Tous ceux qui connaissaient Scrooge savaient qu'il était avare et méchant, empoisonnant la vie de toutes les personnes qui l'entouraient. L'ancien associé de Scrooge, qui fut aussi avare que lui, était mort quelques années auparavant.

Il s'appelait Marley.
Ce jour-là, le vieil homme travaillait dans sa boutique, quand…
« Joyeux Noël ! oncle Scrooge, salua son neveu en poussant la porte du magasin.
– Quelle ânerie ! répondit Scrooge.
– Quoi ? Vous pensez que Noël est une ânerie ?
– Évidemment ! Pour commencer, tu es pauvre, tu n'as donc aucune raison de te réjouir.
– Ça ne me plaît pas de vous voir ainsi. Je suis venu vous inviter à manger avec nous demain.
– Les invitations ne m'intéressent pas. Fais ce que tu veux avec ton stupide Noël et ne viens plus m'enquiquiner.
– Vous êtes un véritable rabat-joie, mon oncle, et vous me faites beaucoup de peine. »
Après avoir prononcé ces mots, il quitta la boutique, non sans souhaiter un joyeux Noël à Bob. Celui-ci travaillait dans un coin, loin du feu. Bien que transi de froid, il offrit néanmoins un sourire aimable au neveu de Scrooge.

LE FANTÔME DE MARLEY

Quelques heures plus tard, Scrooge arriva chez lui. Mais, au moment où il introduisit sa clé dans la serrure, il sursauta, croyant apercevoir le visage de son associé Marley dessiné sur la porte.
« N'importe quoi ! » se dit-il, et il se dépêcha d'entrer dans la maison. Après avoir refermé la porte, il ressentait encore une désagréable sensation d'oppression dans la poitrine. Il alla dans sa chambre pour s'asseoir et se réchauffer près d'un maigre feu qui crépitait dans la cheminée.

Soudain, il entendit un bruit métallique qui se rapprochait. Tournant la tête au moment où la porte s'ouvrait, il vit sur le seuil le fantôme de Marley, une énorme chaîne attachée à sa ceinture.

« Que me veux-tu ? réussit à murmurer Scrooge.

– Regarde, je traîne les chaînes que je me suis forgées au cours de la vie. Je viens t'aider car le même malheur va s'abattre sur toi.

– C'est une menace ?

– Non ! Je viens t'avertir qu'il reste encore un espoir de te sauver. Au cours des heures à venir, trois esprits viendront te rendre visite.

– Je ne veux pas les recevoir !

– Il le faut, pourtant. La première visite, celle du fantôme des Noëls passés, aura lieu cette nuit à une heure précise. »

Scrooge tremblait de peur à présent, et il était incapable de prononcer un seul mot.

« Ensuite, le fantôme du Noël présent arrivera, puis viendra enfin le fantôme des Noëls à venir. »

À ces mots, les portes du balcon s'ouvrirent brusquement et le fantôme de Marley partit en volant. Scrooge se précipita derrière lui pour refermer les portes quand, soudain, il s'aperçut que l'air ambiant était rempli de fantômes qui se plaignaient et traînaient de lourdes chaînes !

Tous purgeaient la même peine : de leur vivant, ils n'avaient pas voulu aider les personnes dans le besoin et, maintenant qu'ils étaient morts, il était trop tard pour le faire.

LE FANTÔME DES NOËLS PASSÉS

Scrooge alla se coucher mais il ne réussit pas à s'endormir. Tout à coup, un puissant éclair illumina la chambre et quelqu'un s'approcha du lit. Le fantôme des Noëls passés se tenait devant lui : il s'agissait d'un jeune homme aux longs cheveux, vêtu de blanc.

« Donne-moi la main et ferme les yeux », lui dit-il.

Tremblant de peur, Scrooge obéit et ferma les yeux. Lorsqu'il les rouvrit, il se trouva dans la cour d'une école.
Un petit garçon et une petite fille jouaient dans un coin.

« Mais cet enfant, c'est moi ! s'exclama-t-il en se reconnaissant. C'était mon école, et elle, c'est ma sœur Fanny ! Elle me manque tellement depuis qu'elle est morte…

– Fanny a laissé un fils, ton neveu », coupa le fantôme d'un ton sec.

Scrooge sentit un nœud monter dans la gorge mais à peine ouvrit-il la bouche pour répondre qu'il se retrouva autre part.

Il s'agissait d'un magnifique salon, où un groupe de jeunes gens célébrait le réveillon de Noël. Dans un coin de la pièce, il se vit aux côtés d'une belle jeune femme qui avait été l'amour de sa vie.

« Je t'aime, lui dit-elle. Mais tu as tellement changé que je ne désire plus t'épouser. Tu ne t'intéresses qu'à l'argent maintenant. J'étais si heureuse quand nous étions pauvres, tu sais…

– Fais-moi partir d'ici, fantôme ! cria Scrooge. Arrête de me tourmenter ! »

Soudain, tout s'obscurcit et le vieil homme se retrouva de nouveau seul dans sa chambre. Très vite, il aperçut une vive lumière qui filtrait à travers les fentes de la porte de la chambre d'à côté…

LE FANTÔME DU NOËL ACTUEL

Scrooge ouvrit la porte et se retrouva face au deuxième fantôme, un homme barbu habillé de vert.

« Approche-toi de moi et touche ma tunique, lui dit-il. Je viens te montrer comment réveillonnent certaines personnes que tu connais. »

Scrooge obéit et soudain, il fut dans la maison de son employé, Bob. C'était une petite habitation délabrée ; toute la famille – Bob, son épouse et ses trois enfants – était réunie autour de la table pour fêter Noël. Le plus jeune, Tim, était très maigre et gravement malade. Bob leva son verre pour porter un toast :

« Prions Dieu pour qu'il nous protège et que nous puissions payer un médecin cette année afin que Tim recouvre la santé. Joyeux Noël !

– Joyeux Noël ! » répondirent-ils tous avec gaieté, malgré le peu de nourriture qui remplissait leurs assiettes.

« Fantôme ! s'écria Scrooge, dis-moi que le petit Tim guérira. Dis-moi ce que je dois faire pour qu'il guérisse ! »

Mais le fantôme avait déjà disparu, laissant Scrooge une fois encore seul dans sa chambre.

LE FANTÔME DES NOËLS FUTURS

Le troisième esprit apparut immédiatement. Tout de noir vêtu et encapuchonné, il fit un geste, ordonnant silencieusement à Scrooge de le suivre. Aussitôt, il fut de nouveau à l'intérieur de la maison de Bob, dans la chambre de Tim cette fois-ci.

L'enfant gisait immobile sur son lit et ses parents, son frère et sa sœur pleuraient sa mort.

« Cela ne peut pas arriver ! » cria Scrooge.

À peine eut-il prononcé ces mots qu'il se retrouva autre part : dans une chambre lugubre, avec un cadavre enveloppé dans un linceul. Quelques silhouettes sinistres se partageaient les biens du défunt, et le défunt… c'était lui !

« Toute ma vie, il m'a payé une misère pour que je nettoie sa maison. Maintenant, je n'ai aucun scrupule à garder ce qui me revient, dit une femme.

– Il était si avare et si méchant qu'il ne mérite aucun respect, répondit un homme.

– Je mourrai seul ! pleura Scrooge, tombant à genoux.

– Uniquement si tu ne changes pas », répondit le fantôme avant de disparaître.

Le nouveau Scrooge

Le jour suivant, quand Scrooge ouvrit les yeux et vit qu'il était bien vivant, il se sentit l'homme le plus chanceux du monde.

« Béni soit le jour de Noël ! s'exclama-t-il. Bénis soient Marley et les fantômes qui m'ont fait comprendre à quel point je me suis trompé ! »

Ce jour-là, il alla fêter Noël chez son neveu. Sur le chemin, il passa chez le boucher et fit un détour chez Bob pour offrir une énorme dinde à la famille. Il promit à son employé une augmentation de salaire importante et toute l'aide dont il aurait besoin pour guérir le petit Tim.

Depuis, Scrooge devint le vieux monsieur le plus aimé de la ville, célèbre pour sa bonne humeur et sa générosité. Noël devint pour toujours son jour préféré et il ne se lassa jamais de le célébrer avec ses proches !

Fin

Hans Christian Andersen

Le sapin

Tu connais déjà l'écrivain danois Hans Christian Andersen *La Petite Marchande d'allumettes*. Découvre maintenant un autre de ses contes de Noël, dans lequel un jeune sapin pressé de grandir a tout le temps envie d'être dans un endroit différent de celui où il se trouve !

Un petit arbre impatient

Au plus profond d'une belle forêt, vivait un petit sapin qui était très pressé de grandir… tant et si bien que l'arbrisseau ne profitait ni du Soleil, ni de l'air pur, ni des oiseaux, ni des enfants qui jouaient parfois autour de lui. Il était tellement obnubilé par sa croissance qu'il passait son temps à jalouser les grands arbres qui l'entouraient !

Tous les ans, à l'automne, les bûcherons coupaient à la hache certains des arbres les plus grands. Émerveillé, notre sapin frémissait quand il les écoutait tomber avec fracas et observait ensuite comment les hommes leur enlevaient les branches, les laissant nus et méconnaissables.

Au printemps, les hirondelles et les cigognes lui avaient raconté comment on fabriquait à partir de ces grands arbres des mâts pour les magnifiques navires !

« Ah, si seulement j'étais assez grand pour pouvoir naviguer et traverser les océans ! » se lamentait l'arbre.

Lorsque Noël approchait, les hommes venaient encore dans la forêt couper de jeunes arbres. Ils choisissaient les plus beaux et leur laissaient toutes les branches.

« Qu'en font-ils ? demanda le sapin. Ce n'est pas juste, il y en a même qui sont plus petits que moi.

– Ils les emmènent dans un endroit merveilleux pour les décorer avec des objets les plus splendides qui soient : des pommes de pin en or, des sucreries, des jouets et des centaines de bougies et de petites lumières.

– Ce destin est plus fantastique encore que la navigation ! s'exclamait l'arbre.

– Ne sois pas stupide, profite de ta jeunesse à l'air libre », lui conseillèrent tous ses compagnons autour de lui.

Mais l'arbre ne les écoutait pas.

Enfin...

Un hiver, notre sapin devint particulièrement beau : ses branches étaient longues et splendides, d'un vert bien foncé.

La lame de la hache pénétra dans son écorce et plusieurs coups plus tard, il s'écroula au sol, terrassé par une intense douleur. Lorsque la charrette où on l'avait déposé s'éloigna, il ressentit de la tristesse et non de la fierté comme il l'aurait cru : il allait être séparé de ses compagnons, de l'endroit où il était né, des petits arbustes, des fleurs et des oiseaux.

« Adieu mes amis, adieu ! » pleura-t-il.

Un peu plus tard, il fut laissé dans une cour. Deux domestiques vinrent le récupérer et l'emmenèrent dans un immense salon. Ils le placèrent dans un grand pot et commencèrent à le décorer avec des friandises, des pommes et des noix dorées, ainsi qu'une multitude de petites bougies de différentes couleurs. Au sommet, ils placèrent une grande étoile dorée.

« Ce soir, nous l'illuminerons ! s'exclama l'un des domestiques. Il sera magnifique !

– Ah, se lamenta l'arbre, comme j'aimerais qu'il fasse nuit, comme j'aimerais que mes bougies soient déjà allumées. Et après, que se passera-t-il ? Vais-je m'enraciner ici et rester décoré tout l'hiver et tout l'été ? Les oiseaux et les autres arbres de la forêt vont-ils venir me voir ? »

Encore une fois, notre arbre était toujours si impatient qu'il était incapable de profiter du moment présent.

Et la nuit tant attendue arriva

Ce fut enfin l'heure d'allumer les bougies. Quel éclat ! L'arbre était abasourdi par tant d'émotions et avait peur d'en perdre ses décorations. Soudain, les portes du salon s'ouvrirent et un groupe d'enfants arriva vers lui en courant. Sans-gêne, ils se bousculèrent et se précipitèrent sur les cadeaux, ne prêtant aucune attention au sapin.

« C'est inadmissible ! » s'insurgea l'arbre.

Mais évidemment, personne ne l'entendait.

Soudain, quelqu'un commença à raconter un conte. Il s'agissait de l'histoire de Klumpe-Dumpe qui, tombé dans les escaliers, réussit tout de même à arriver jusqu'au trône et à se marier avec une princesse.

« Les oiseaux ne racontaient jamais d'histoires comme celle-ci », se réjouit le sapin.

Content, il avait hâte que le jour suivant arrive vite pour être de nouveau couvert de cadeaux et entendre une nouvelle histoire.

Le grenier sombre

Mais le lendemain, un domestique et une servante entrèrent dans le salon et l'emmenèrent dans le grenier.

« Qu'il fait froid ici, se lamenta-t-il. Même la lumière du Soleil n'entre pas. Que se passe-t-il ? Quel va être mon destin ? La forêt, le vent et le Soleil me manquent tant…

– Bonjour, vieil arbre de Noël, le saluèrent deux petites souris.

– Je ne suis pas vieux ! s'indigna le sapin. Je suis au début de ma vie. Sachez qu'il y a beaucoup d'arbres bien plus âgés que moi.

– Parle-nous de ton ancienne vie, lui demandèrent les petites souris. Raconte-nous si tu as connu un bel endroit, où il ne fait pas aussi froid qu'ici. »

Le sapin leur parla alors de sa jeunesse dans la forêt, où brillait le Soleil et où chantaient les oiseaux. Il leur raconta ensuite sa palpitante nuit de Noël, ainsi que l'histoire de Klumpe-Dumpe.
Les petites souris furent enchantées et revinrent tous les soirs pour écouter les histoires de l'arbre. Mais comme c'étaient toujours les mêmes, elles finirent par se lasser.
« Tu ne connais pas un autre conte qui ne soit pas l'histoire de Klumpe-Dumpe ? » lui demandèrent-elles.
Mais le sapin les attrista avec son histoire et elles ne revinrent plus.

Le dernier rayon de soleil

Un matin, quelques hommes entrèrent dans le grenier et en sortirent plusieurs cartons, ainsi que l'arbre.
« La vie recommence enfin ! » se dit le jeune sapin. Qu'il était agréable de sentir l'air frais et la chaleur du Soleil en sortant dans la cour. Mais en étirant ses branches, il s'aperçut qu'elles étaient jaunes et toutes abîmées.
L'étoile de Noël brillait toujours au sommet de l'arbre. Un enfant s'approcha en courant et la lui arracha.
Le sapin sut alors que sa jeunesse dans la forêt avait été merveilleuse, que sa nuit de Noël avait été splendide et unique, et que l'obscurité dans le grenier, lorsque les petites souris écoutaient ses histoires, avait aussi été un bon moment.
Et avant qu'un homme ne le coupe en petits morceaux pour le feu, notre arbre étira de nouveau ses branches et sentit que ce dernier rayon de Soleil était le plus doux et le plus réconfortant de toute sa vie.

Fin

E.T.A. Hoffmann

Le Casse-noix

Le conte *Casse-Noisette et le roi des souris* est un classique de l'écrivain allemand Ernst Theodor Amadeus Hoffmann. Cependant, il est souvent attribué au compositeur russe Piotr Tchaïkovski. En effet, ce dernier a composé la musique du ballet-conte de fées intitulé *Casse-Noisette*, en se basant sur une adaptation réalisée par Alexandre Dumas (père). Le conte qui suit est une nouvelle version écrite à partir du récit original de Hoffmann, auteur romantique qui fut également compositeur, critique musical, peintre et brièvement juriste.

Les cadeaux de Noël

Comme tous les 24 décembre, Marie et Fritz n'eurent pas le droit d'entrer de toute la journée dans le salon, où apparaîtraient les cadeaux cette nuit. Lorsque sonna le dernier coup de minuit, annonçant l'arrivée officielle de Noël, les portes du salon s'ouvrirent en grand. Les enfants se précipitèrent vers le magnifique sapin, décoré de lumières et de cadeaux qui étaient tous splendides : une jolie poupée et une robe de soie pour Marie, une armée de soldats de plomb pour Fritz, des livres avec de belles illustrations pour les deux…

« Comme je suis contente ! Que c'est joli ! » répétait Marie.

C'est alors que le parrain Drosselheimer s'approcha d'elle et lui dit :

« J'ai un cadeau particulier. Tu vois ce petit bonhomme accroché au sapin ? »
Marie l'avait déjà remarqué. Son parrain l'attrapa, souleva un couvercle, et la figurine ouvrit une bouche énorme, révélant deux rangées de dents blanches et aiguisées. Fritz se dépêcha d'y introduire une noix, et crac ! Le petit bonhomme la mordit et la coquille tomba, laissant une noix pelée dans les mains de Marie.

« C'est un casse-noix ! Il a l'air tellement sympathique avec son énorme sourire ! Je vais m'occuper de lui, dit la petite fille en l'enveloppant délicatement dans un mouchoir.

– Si tu t'occupes de Casse-Noix, mieux vaut que tu connaisses son histoire », lui déclara son parrain.

Curieuse, Marie s'assit aussitôt à côté de lui et ouvrit grand les oreilles.

La princesse Pirlipat

« Tu sais Marie, commença son parrain, que je travaillais dans un château voici bien longtemps. Un jour, un incident eut lieu entre le couple royal et la dame Souris, qui elle aussi était reine au sein de sa propre espèce. Voici ce qui s'est passé : La reine avait préparé à son époux son plat favori : du lard. Comme toujours, il laissa dame Souris en goûter un petit bout. Mais ses sept souriceaux apparurent alors, et en quelques instants, tout le lard avait disparu !

Ceci déclencha la colère du roi, qui chargea l'horloger Drosselheimer – c'est-à-dire moi-même – de fabriquer des pièges à souris. De nombreuses souris moururent. Dame Souris et quelques survivants abandonnèrent les lieux, mais ils promirent de se venger :

« Faites attention à ce qu'un jour je ne morde pas votre petite princesse », tonna dame Souris à la reine sur un ton d'avertissement.

Quand naquit la princesse Pirlipat, sept nourrices furent engagées pour la surveiller jour et nuit, chacune tenant un chat dans son giron, avec pour ordre de rester éveillées. Mais une nuit, elles s'endormirent… À leur réveil, elles aperçurent avec horreur une affreuse souris à côté de la petite princesse. Cette dernière, qui avait toujours été belle comme un ange, s'était transformée en un être difforme, avec un corps recroquevillé et d'énormes dents de souris !

La noix d'or

– C'est horrible, parrain, s'écria Marie. Qu'est-il arrivé ensuite ?

– Le magicien du royaume expliqua que l'unique manière de briser le sortilège était de trouver une noix d'or. Un jeune homme devrait la briser devant la princesse et lui faire manger l'amande. Le roi nous chargea, le magicien et moi, de partir à la recherche du jeune homme et de la noix. Nous parcourûmes le monde entier pendant 15 ans, sans trouver ce que nous cherchions. De retour à Nuremberg, nous rendîmes visite à mon oncle Cristobal. Après avoir écouté mon histoire, il me dit :

« Je crois que j'ai ce dont tu as besoin ! ».

Il sortit d'un coffret une magnifique noix dorée et nous raconta qu'il l'avait achetée à un étranger bizarre un jour de Noël.

« C'est la noix d'or, sans aucun doute ! » s'exclama le magicien.

Après avoir remercié l'oncle Cristobal, nous nous dirigeâmes vers la porte quand nous aperçûmes son fils. Nous décidâmes de l'emmener avec nous.

Aussitôt, nous partîmes voir la princesse accompagnés de mon neveu. La pauvre avait quinze ans et son apparence était épouvantable. Sans attendre, d'un geste calme, le jeune Drosselheimer brisa la noix d'or devant elle – se cassant plusieurs dents au passage ! – puis il la lui donna à manger. Aussitôt, la jeune fille devint d'une beauté inégalable, comme c'est souvent le cas pour les princesses lorsqu'un sortilège est rompu. Mais, dans le même moment, le jeune Drosselheimer prit un aspect horrible. Le magicien déclara :

« Ce jeune homme retrouvera sa véritable apparence après avoir vaincu le nouveau roi des Souris, dernier fils de dame Souris, né avec sept têtes ».

– J'ai beaucoup de peine pour le jeune Drosselheimer, dit Marie d'une voix triste.

– Moi aussi, répondit son parrain. Mais vu la tête que fait ta mère, je pense qu'il est temps d'aller au lit, Marie. »

La bataille contre le roi des souris

Cette nuit-là, Marie ne put dormir. Le casse-noix, debout sur sa table de nuit, semblait lui sourire. Soudain, elle entendit comme un murmure, qui devint de plus en plus fort.

« Qu'est-ce que c'est ? demanda Marie à voix haute.

– C'est l'armée des souris, lui répondit Casse-Noix.

– Casse-Noix ? Comment peux-tu parler ? » questionna Marie, abasourdie.

Soudain, la petite fille s'aperçut qu'une armée d'innombrables souris avait envahi la chambre. La porte s'ouvrit, et tous les soldats de plomb de Fritz apparurent sur le seuil, vêtus de leurs uniformes brillants.

« Ceci est mon armée », expliqua Casse-Noix en sautant sur le sol d'un bond. Mais, il se reçut mal et boita légèrement.

« En avant, soldats ! cria-t-il en montrant la maison de poupée de Marie.

– Ahhh ! » hurla Marie.

Sur le toit de sa jolie maisonnette, se tenait une énorme et horrible souris, qui possédait sept têtes et sept couronnes.

« C'est le roi des Souris. N'aie pas peur, Marie. Je vais le vaincre », assura Casse-Noix.

La bataille commença. D'un coup d'œil, la petite fille vit tout de suite que l'armée de petits soldats avait bien peu de chances de l'emporter. Très vite, Casse-Noix se retrouva seul face au terrible roi, cerné par les hordes ennemies. D'un geste rapide, Marie jeta une chaussure sur le roi des Souris, blessant plusieurs de ses têtes et l'assommant. Toute l'armée des souris s'enfuit, ainsi que les petits soldats, effrayés par la chaussure. Casse-Noix avança héroïquement et étrangla chacune des sept têtes du roi des Souris. Aussitôt, le sortilège fut brisé et il se transforma en un beau jeune homme… C'était en fait le jeune Drosselheimer !

Le royaume de Noël

« Donne-moi la main, Marie. Je veux que tu m'accompagnes dans un royaume fabuleux. »

Elle lui obéit et, comme par magie, ils se retrouvèrent soudain dans une forêt de sapins décorés de beaux fruits colorés. Des rubans et des bouquets de fleurs ornaient les troncs, une musique douce résonnait et de petites lumières brillaient partout autour d'eux.

Ils parcoururent d'autres lieux magiques pendant toute la nuit. Au petit matin, Marie revint chez elle à regret.

Elle raconta son aventure à sa famille mais personne ne la crut. Cependant, quelques années plus tard, elle épousa le jeune Drosselheimer, le neveu de son parrain ; Marie devint la reine d'un pays que peu de gens connaissent. Là-bas, on y trouve des forêts de Noël, des palais en pâte d'amandes et toutes sortes de choses fantastiques !

Fin

O. HENRY

Le Cadeau des Rois mages

De son vrai nom WILLIAM SIDNEY PORTER, l'écrivain américain O. HENRY est considéré comme l'un des maîtres de la nouvelle. Ses contes se terminent toujours de façon surprenante… à tel point qu'en langue anglaise, on parle de « fins à la O. HENRY » pour qualifier des dénouements inattendus. Malgré les difficultés rencontrées par O. HENRY tout au long de sa vie, ses œuvres ont obtenu la reconnaissance du public et de la critique. *Le Cadeau des Rois mages* est son conte le plus célèbre. Pourtant, on raconte qu'il l'aurait écrit en trois heures !

UN DOLLAR ET QUATRE-VINGT-SEPT CENTS

Un dollar et quatre-vingt-sept cents, c'est tout ce qu'elle avait pu économiser. Délia compta les pièces qu'elle tenait dans la main et se mit à pleurer. Demain, ce sera la veille de Noël mais elle avait seulement réussi à réunir cette somme ridicule pour acheter un cadeau à Jim, son tendre époux.

Depuis que le salaire de Jim avait diminué, le jeune couple réalisait de véritables prouesses pour joindre les deux bouts. Mais, le seul souci de Délia maintenant était de ne pas avoir assez d'argent pour acheter un cadeau à Jim. Elle avait passé tant d'heures à réfléchir sur ce qu'elle lui offrirait… un présent unique et spécial pour lui !

Les deux biens les plus précieux

Après quelques heures, Délia sécha ses larmes et se planta devant le miroir. Elle détacha ses cheveux pour les laisser libres, révélant ainsi toute leur beauté.

Le jeune couple ne possédait que deux choses qui faisaient vraiment leur fierté. La première, c'était la montre en or de Jim, qui avait appartenu à son grand-père puis à son père. La seconde était les cheveux de Délia… une chevelure resplendissante qui lui arrivait plus bas que la taille, de couleur châtain et aux magnifiques ondulations.

Si la reine elle-même était passée à côté de Délia en exhibant ses bijoux, sûr qu'elle aurait été jalouse. En effet, ses joyaux auraient semblé bien ternes face à la beauté des cheveux de Délia !

Et si le roi Salomon était passé à côté de Jim avec toutes ses richesses, sûr qu'il aurait blêmi d'envie… car rien ne pouvait égaler le travail ciselé et la splendeur de la montre du jeune homme !

La décision de Délia

Prise d'une pulsion soudaine, Délia descendit les escaliers à toute allure et sortit de la maison précipitamment. Après avoir bien couru, elle s'arrêta devant l'enseigne d'une boutique : « Achat et vente de perruques ». Sans plus attendre, Délia entra et se dirigea vers la propriétaire :

« Bonjour, m'achèteriez-vous mes cheveux ?

– Montrez-moi ça, jeune femme. Enlevez votre chapeau pour que je puisse les voir. »

La femme s'extasia devant la merveilleuse cascade de couleur brune, quand Délia dénoua ses cheveux.

« Je vous en offre vingt dollars, » dit-elle en touchant ses cheveux d'une main experte.

Délia laissa couler quelques larmes pendant que la coiffeuse coupait ses cheveux tant adorés. Cependant, en sortant de la boutique avec ses vingt dollars, elle oublia son chagrin et se mit à parcourir le quartier à la recherche d'un cadeau pour Jim.

La chaîne de platine

Délia inspecta toutes les boutiques qu'elle rencontrait. Soudain, elle s'arrêta net devant une vitrine où était exposé le cadeau pour Jim et pour personne d'autre. Il s'agissait d'une chaîne de platine, magnifique et élégante, parfaite pour y attacher sa montre. Parfois, Jim devait regarder sa montre du coin de l'œil car il avait honte de sortir à la vue de tous la vieille lanière de cuir à laquelle il l'accrochait. Désormais, avec cette superbe chaîne de platine, il pourrait regarder la montre à sa guise devant n'importe qui, et l'exhiber avec fierté…

L'attente

Arrivée chez elle, Délia se regarda dans le miroir et dut retenir ses larmes. Elle n'avait plus qu'un seul souci en tête : « Vais-je encore plaire à Jim, sans mes beaux cheveux ? » s'interrogeait-elle sans cesse.

À huit heures, Délia avait tout préparé pour le dîner. Elle s'assit près de la porte avec la chaîne cachée dans sa main et attendit, impatiente, l'arrivée de Jim.

Quelques minutes plus tard, elle entendit ses pas dans l'escalier.

« S'il vous plaît, mon Dieu, murmura Délia, faites que Jim me trouve toujours belle ».

La porte s'ouvrit d'un coup et son époux entra dans la maison. En scrutant Délia, il prit un air très sérieux… on aurait même dit qu'il avait blêmi !

« Mais Jim, tu es tout pâle. Je t'en prie, arrête de me regarder ainsi, implora Délia. Mes cheveux repousseront. J'ai été obligée de les vendre car je voulais te faire un beau cadeau.

Les cadeaux

– Tu t'es coupé les cheveux… répétait Jim, atterré.

– Oh Jim, je ne te plais plus ? s'exclama Délia sur le point d'éclater en sanglots.

– Non, il ne s'agit pas de ça ! la rassura Jim immédiatement. Aucun changement dans ton apparence ne pourrait m'empêcher de t'aimer. Si tu ouvres le cadeau que je t'ai apporté, tu comprendras pourquoi je suis resté sans voix quelques instants. »

Délia ouvrit son cadeau et poussa un cri de joie, qui se transforma bientôt en un sanglot. Elle tenait dans ses mains un jeu de peignes incrustés de pierres précieuses. Un jour, elle les avait vus avec Jim dans une vitrine. Depuis, elle n'avait cessé d'en rêver ! Ils étaient à elle maintenant, mais les magnifiques cheveux qu'ils étaient censés décorer avaient disparu.

« Tu sais, Jim, mes cheveux repousseront vite ! s'exclama Délia en le prenant dans ses bras. Maintenant, regarde ton cadeau. N'est-elle pas splendide ? ajouta-t-elle en lui remettant la chaîne. Voyons un peu à quoi elle ressemble une fois accrochée à ta montre. »

Jim soupira et se laissa tomber dans le canapé. Il leva ensuite les yeux et sourit à son épouse.

« Délia, nous allons devoir oublier nos cadeaux de Noël cette année. J'ai vendu ma montre pour t'acheter les peignes ! »

De véritables Rois mages

Ainsi se termine l'histoire de deux jeunes gens qui n'ont pas eu la sagesse des Rois mages, eux qui ont inventé la tradition et l'art d'offrir des cadeaux de Noël. Comme ils étaient sages, leurs présents étaient toujours bien choisis.

On ne peut pas dire pour autant que le jeune couple était stupide, car ils ont agi par amour, sacrifiant l'un pour l'autre leurs plus grands trésors… ce qui en fait quand même un peu d'authentiques Rois mages !

Fin

Mark Twain

La Lettre du Père Noël

Mark Twain est l'auteur populaire d'histoires, comme *Les Aventures de Tom Sawyer* et *Les Aventures de Huckleberry Finn*, qui ont inspiré tant de films et de dessins animés. Ses récits regorgent de beaucoup d'humour et d'ironie, voire même de tendresse. Il s'est montré très critique avec la politique de son époque, et se déclarait ouvertement anticapitaliste et anti-impérialiste. Il s'opposa aussi à l'esclavage, qu'il connut de très près puisqu'il a passé son enfance dans l'État du Missouri. Il a écrit plus de cinq cents œuvres, dont beaucoup n'ont toujours pas été publiées. Nous t'offrons ici une version libre de sa *Lettre du Père Noël*.

Lettre du Père Noël

Chère Susie Clemens,

C'est moi, le Père Noël qui t'écris cette lettre… aussi connu sous le nom de Santa Claus ou de saint Nicolas. À vrai dire, on me donne tant de noms différents que parfois je ne sais plus lequel utiliser. Figure-toi qu'on m'a même appelé la « vieille étoile de Noël » !

Mais tu sais bien, comme tous les enfants, que malgré mon grand âge, mon esprit a su rester très jeune !

Je viens de terminer une longue et fatigante nuit de travail : j'ai distribué des jouets à tous les enfants du monde – et je ne parle pas seulement de la Terre… car je tiens à te préciser que j'opère à une échelle intergalactique. Enfin, je me repose dans mon palais turquoise, sur la Lune, et j'en profite pour t'écrire ces quelques lignes. Car je pense que tu mérites une petite explication.

Tout d'abord, je tiens à t'informer que j'ai reçu ta lettre à temps, et que j'ai parfaitement compris ces magnifiques gribouillages qui recouvraient tout le papier. En fait, tu auras remarqué que je n'ai commis aucune erreur concernant les présents que vous m'avez demandés, toi et ta petite sœur dans votre lettre.

Transformé en fumée, je me suis glissé dans la cheminée à minuit pendant que vous dormiez et j'ai laissé à côté de vos petits souliers ces cadeaux que vous méritez tant.

Je dois te dire, chère Susie, que ta sœur et toi figurez cette année dans le classement des dix petites filles les plus gentilles, les plus obéissantes et les mieux éduquées de la planète Terre. Si bien qu'avant de m'en aller, je vous ai donné un baiser affectueux sur le front pour que vous fassiez de beaux et doux rêves pendant toute l'année.

Cependant, comme tu l'auras sûrement constaté, j'ai eu quelques problèmes avec la lettre que tu as dictée à ta maman… d'une part parce que je ne comprenais pas bien son écriture, n'étant pas très habitué à la calligraphie des adultes. D'autre part, après avoir réussi à la déchiffrer avec l'aide de mes rennes si intelligents, je n'ai pas pu satisfaire l'une des demandes que m'a faites ta mère pour toi, car j'étais en rupture de stock.

J'ai dû apporter le dernier lot de meubles et de cuisine de poupées avec chauffage à une petite fille qui habite l'étoile Polaire. Tu comprendras que c'est un pays où il fait très froid et que ses poupées gèleraient sur place si elles devaient cuisiner sans chauffage.

Demande à ta maman qu'elle te montre l'étoile Polaire. Désormais, quand tu la regarderas, réjouis-toi en pensant que c'est cette petite fille qui a reçu les meubles, car elle en avait plus besoin que toi. Elle s'appelle Flocon de Neige. Si tu veux, tu peux lui écrire une lettre avec tes gribouillages si sympathiques. Mais veille à ce que la lettre soit fine et légère, car la distance est immense, et le courrier intergalactique devient très lourd à cause de la loi de la gravitation.

Tu auras également remarqué qu'il manquait une autre des choses que ta maman demandait dans sa lettre. Comme je te le disais précédemment, c'est à cause de l'écriture. Que dit la cinquième ligne, Susie ? Un coffre avec des robes de poupée ? Je crois que c'est ça, mais comme je n'en étais pas sûr, je ne l'ai pas emmené car tous les coffres qui me restent sont très lourds et prennent beaucoup de place dans le traîneau.

Voilà comment on peut faire, ma douce amie : cette nuit, je sonnerai à la porte de la cuisine. Dis à ta maman qu'elle ouvre la porte avec les yeux fermés et qu'elle s'en aille ensuite vers le salon en me tournant le dos, sans me regarder. Toi, tu iras alors dans la salle de jeu, à côté de la cuisine, et nous nous parlerons à travers la fine cloison, sans jamais nous voir l'un l'autre.

Tu me diras : « Bienvenue, Père noël », et moi je te demanderai si c'était bien un coffre que tu voulais. Si tu me réponds « oui », il faudra que tu me dises de quelle couleur tu le préfères. Tu peux donc y réfléchir dès maintenant.

Je te demanderai aussi ce que tu aimerais qu'il y ait à l'intérieur. Ensuite, je te dirai « Bonne nuit et joyeux Noël, Susie Clemens », et toi tu devras me répondre aimablement.

Puis, je remonterai dans mon traîneau, j'irai sur la Lune et quelques minutes plus tard, je serai de retour avec ton cadeau. Je te préviens que si c'est bien un coffre, je le ferai descendre par la cheminée du salon, car celle de ta chambre est bien trop petite pour passer.

C'est important que tu le saches afin que vous laissiez les portes bien fermées et que vous ne regardiez pas. Attendez dehors tant que vous entendrez mes pas et ne rentrez pas avant que le silence ne soit total.

Dis à ta maman que je suis désolé si je laisse des traces de neige dans le salon. Et s'il y a des rayures sur le marbre de la cheminée à cause du coffre, dis à ta maman qu'elle ne se mette pas en colère : chaque fois que vous les verrez, ces marques serviront à vous rappeler, à ta sœur et à toi, de rester bien sages comme vous l'avez été cette année.

À tout à l'heure, petite Susie Clemens, quand je descendrai dans ton monde et sonnerai à la porte de ta cuisine. Reçois l'affection de Santa Claus, de Joulupukki ou de l'Homme de la Lune. Ah… je crois me souvenir que toi, tu préfères surtout m'appeler Père Noël.

Alors, grosses bises du Père Noël.

P.-S. : Est-ce que tu savais que c'est en Finlande, au pays des rennes, que les gens m'appellent Joulupukki ?

Fin

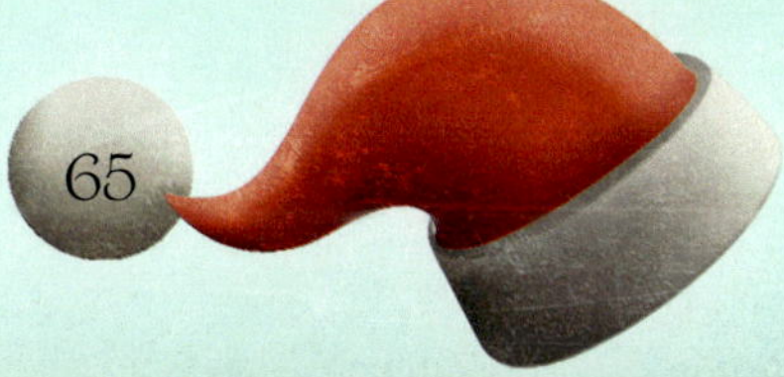

ANTÓN TCHEKHOV

Vanka

TCHEKHOV est l'un des écrivains russes les plus importants de l'histoire de la littérature. Il a écrit de nombreux contes et plusieurs pièces de théâtre inoubliables, qui lui ont valu d'être considéré comme l'un des maîtres du genre. Il a par ailleurs pratiqué la médecine pendant toute sa vie. Le grand-père de TCHEKHOV était un serf qui a réussi à acheter sa liberté. C'est pourquoi le père de TCHEKHOV, malgré le fait qu'il soit né dans la servitude, a pu devenir commerçant. Les serfs de la Russie de cette époque étaient pratiquement les esclaves des seigneurs qu'ils servaient. Dans le conte que tu t'apprêtes à lire, tu trouveras un exemple concret de la vie de ces « esclaves » et ce, grâce au personnage principal, un petit garçon orphelin qui écrit une lettre le soir de Noël.

LE PETIT VANKA

Vanka venait tout juste d'avoir neuf ans et cela faisait déjà trois mois qu'il apprenait à réparer des chaussures chez un cordonnier.

C'était la nuit de Noël, et il décida de ne pas aller se coucher. Pendant que tout le monde assistait à la messe de minuit, il sortit un encrier et une plume, plaça une feuille de papier sur un banc, s'agenouilla, et se mit à écrire une lettre qui commençait ainsi :

*Cher grand-père, c'est moi, ton petit-fils Vanka.
Je te souhaite un joyeux Noël. Je n'ai plus ni
papa ni maman, et tu me manques beaucoup.
Il ne me reste que toi.*

LE GRAND-PÈRE

Vanka s'imagina son grand-père, un vieux bonhomme souriant et très farceur. Il travaillait comme garde de nuit dans la maison de la famille Jivarev.

Pendant la journée, il passait son temps à dormir et à plaisanter avec les domestiques dans la cuisine.

Au cours de la nuit, il faisait des rondes autour de la propriété, chaudement vêtu et accompagné de deux chiens pour faire fuir les voleurs.

Les chiens s'appelaient Cannelle et Serpent. Ce dernier était tout en longueur et très malin ; sous ses airs doux, il attendait qu'on ne le regarde plus pour faire des bêtises : il n'inspirait confiance à personne.

C'est vrai qu'il ressemblait à un serpent, mais Vanka l'aimait bien car, malgré le fait qu'il s'attire toujours des ennuis et reçoive de sévères corrections, il réussissait à garder la vie sauve et paraissait chaque fois plus fort.

Vanka soupira. À cet instant, son grand-père était certainement devant la porte avec ses deux chiens, contemplant les fenêtres illuminées de l'église, un sourire aux lèvres.

LA VIE D'APPRENTI

Vanka reprit la plume et continua d'écrire :

Je dois avouer qu'ici, je ne suis pas heureux. Le maître cordonnier me bat souvent. Les apprentis sont plus grands que moi et me maltraitent aussi. Ils m'envoient chercher de la vodka à la taverne et m'obligent à voler des fruits à la maîtresse. Quand elle s'en rend compte, elle me bat aussi et elle m'a pris en grippe. De plus, je suis affamé toute la journée. Le soir, ils ne me donnent qu'un quignon de pain, même pas une tasse de thé. Je dors très mal et j'ai constamment froid. J'ai besoin que tu me sortes de là, grand-père. Je promets d'être gentil et de toujours prier Dieu pour toi.

Le sapin de Noël

Vanka se rappela alors comme il aimait accompagner son grand-père quand celui-ci allait chercher un sapin de Noël pour les maîtres de la maison. Tous les deux, ils choisissaient le plus bel arbre et son grand-père, avant de l'abattre d'un coup de hache, allumait sa pipe… il ne manquait jamais de se moquer du nez et des joues rouges de Vanka. Il faisait très froid, oui, mais lui, ça ne le dérangeait pas. Ensuite, après avoir coupé l'arbre, ils apercevaient souvent un lièvre sautant dans la neige.

« Attrape-le ! » criait son grand-père, mais il le laissait toujours s'échapper.

Quand ils arrivaient à la maison avec l'arbre, mademoiselle Olga mettait plus d'entrain que quiconque à le décorer. Vanka l'aimait beaucoup car elle était gentille avec lui ; elle lui donnait des bonbons, et lui apprenait à lire et à écrire.

Mais quand sa mère mourut, Vanka se retrouva orphelin et tout cela disparut. Il devint serviteur avec son grand-père, puis il fut envoyé à Moscou pour y apprendre le métier de cordonnier.

La prière de Vanka

Grand-père, continua d'écrire Vanka, *quand les maîtres de maison illumineront le sapin de Noël, pense à demander une noix dorée à mademoiselle Olga. Dis-lui que c'est pour moi… tu verras, elle te la donnera.*

Vanka ne put réprimer un sanglot. Il se frotta les yeux avec les poings et reprit :

Grand-papa, viens me chercher, je t'en supplie. Je te promets, qu'en échange, je m'occuperai très bien de toi. Je chercherai un travail et gagnerai de l'argent. Quand je serai grand, j'aurai un métier et je te fais le serment que tu ne manqueras de rien. Lorsque tu seras très vieux et que tu devras mourir, je prierai Dieu pour le repos de ton âme, comme je prie maintenant pour celle de ma mère. Viens dès que tu peux, grand-père, je t'en supplie.

Ton petit-fils qui t'aime.

Vanka

La lettre

Vanka plia la lettre avec soin avant de la mettre dans une enveloppe qu'il avait préparée la veille. Il savait qu'il était très important d'y mettre l'adresse en l'écrivant très clairement : *« Au village pour mon grand-père »*. Il décida ensuite d'ajouter le prénom de son grand-père : *« Constantino. »*

Très satisfait du résultat, Vanka prit la lettre et sortit en courant dans la rue.

Cette après-midi, il avait demandé au boucher comment envoyer une lettre. Il lui avait répondu qu'il suffisait de la jeter dans une boîte à lettres. Les facteurs venaient ensuite les chercher pour les distribuer partout dans le monde.

Une heure plus tard, Vanka dormait paisiblement. Il avait accompli sa tâche et rêvait de son grand-père, lisant sa lettre dans la cuisine à côté du feu.

Serpent, le chien espiègle, se reposait à côté de lui. De là où ils étaient installés, ils pouvaient apercevoir par la porte du salon le sapin de Noël, illuminé de ses bougies étincelantes.

Fin

Légende italienne

La sorcière Befana et les trois Rois mages

Befana est, comme le Père Noël ou les Rois mages, un de ces personnages distribuant des cadeaux liés aux fêtes de Noël. Befana appartient au folklore italien et procède à sa distribution la nuit du 5 au 6 janvier, le jour où, selon l'Église catholique, les Rois mages ont rendu visite à l'enfant Jésus. La légende raconte que les Mages se perdirent en chemin en se rendant à Bethléem et demandèrent de l'aide à Befana. Celle-ci refusa de les aider. Mais le regrettant bien vite, elle parcourut les maisons à leur recherche en offrant des friandises. Depuis, elle distribue des cadeaux tous les ans pour expier sa faute !

Une sorcière un peu maniaque

Dans un petit village du sud de l'Italie – qui n'avait peut-être même pas de nom –, vivait il y a bien longtemps une vieille sorcière à la retraite. Elle s'appelait Befana. Au cours de sa jeunesse, elle avait été une sorcière très active, belle, aventurière et plutôt gentille – mais n'oublions pas qu'il s'agit tout de même d'une sorcière.

Mais maintenant qu'elle était âgée, Befana passait le plus clair de son temps enfermée chez elle : elle lisait d'ennuyeux traités de sorcellerie et contemplait sa collection de cartes du monde, dont elle était très fière.

À part quelques promenades nocturnes et la lecture, la seule activité à laquelle se consacrait Befana était le ménage de sa maison. C'était une maniaque de la propreté.

À Bethléem

Au cours d'une froide nuit d'hiver où le ciel était plutôt nuageux, Befana se trouvait devant la porte de sa maison et en balayait frénétiquement le seuil. On aurait dit qu'elle dansait avec le balai. C'est en tout cas ce que pensa le roi Melchior en l'apercevant de loin, perché sur son chameau.

« Regardez, mes amis, dit-il en tournant la tête vers Gaspard et Balthazar qui le rejoignaient. Nous avons de la chance. Cette vieille femme si joyeuse, qui danse à la lumière des étoiles, saura bien nous indiquer le chemin de Bethléem. »

Il faut préciser qu'on était le 25 décembre de l'an zéro et que Jésus-Christ venait de naître. Autrement dit, c'était la première nuit de Noël du monde, mais le monde ne le savait pas encore. Le fait est que les Rois mages devaient accomplir leur devoir, à savoir remettre des cadeaux à l'enfant Jésus. Mais ils étaient complètement perdus. Ils devaient aller jusqu'à Bethléem, une ville située au sud de Jérusalem, et se trouvaient dans le sud de l'Italie. Si tu regardes une carte, tu pourras te rendre compte de l'importance de leur erreur !

La demande d'aide

Balthazar, le moins timide, s'adressa à la vieille sorcière en premier.

« Permettez-moi de vous saluer et excusez-nous d'interrompre votre danse, brave dame. Je suis le roi Balthazar, voici le roi Melchior et le roi Gaspard, de très bons amis à moi. Nous devons de façon urgente accomplir une mission très importante et nous sommes déjà passablement en retard.

– Moi aussi, je suis en retard aujourd'hui sur mon travail, le coupa Befana. J'ignore ce que vous voulez mais je ne vais pas pouvoir vous aider. J'en suis désolée.

– Laissez-moi vous expliquer, proposa le roi Gaspard en s'avançant vers la vielle femme. Brave femme…

– Quoi ! Vous ne voyez donc pas que je suis en train de balayer ? Vos problèmes ne m'intéressent pas.

Melchior perdit patience et arrêta d'une main le balai de Befana.

– Madame, vous devez nous écouter. Nous voulons seulement vous poser une question. Il s'agit de quelque chose d'une importance vitale pour l'humanité.

– D'abord, je ne suis pas une dame mais une sorcière. Alors, vos problèmes d'importance vitale pour l'humanité ne m'intéressent pas.

– Une sorcière ! s'exclama Melchior. Est-ce que par hasard vous ne vous appelleriez pas Befana ?

– Si, je m'appelle ainsi. Et maintenant, laissez-moi finir mon ménage si vous ne voulez pas vous recevoir un coup de balai. »

La spécialiste en géographie

Les trois Rois mages n'en croyaient pas leurs oreilles. Ils savaient deux choses à propos de la sorcière Befana : la première, c'est qu'elle était obsédée par la propreté, et la seconde, qu'il s'agissait d'une véritable experte en géographie. Si bien qu'étant donné leur situation, ils n'auraient pas pu mieux tomber.

« Chère Befana ! s'exclama Balthazar avec enthousiasme. Personne ne pourrait nous aider mieux que vous. Nous suivions une étoile brillante qui nous indiquait le chemin de Bethléem, ville où vient de naître un enfant appelé Jésus, le futur Seigneur de ce monde.

– En fait, le ciel s'est couvert de nuages et nous nous sommes perdus, résuma Gaspard. C'est pour ça que nous voulons que vous nous aidiez à retrouver notre chemin.

– Le chemin de Bethléem ? éclata de rire Befana sans pouvoir s'arrêter. Ce sera un plaisir de vous aider, naturellement ! Continuez sur cette route, Bethléem n'est qu'à quelques heures.

– Merci beaucoup, vieille sorcière », dit Gaspard en lui souriant.

Avant de s'en aller, ils lui offrirent une boîte de chocolats pour la remercier, certains qu'ils n'allaient pas tarder à arriver à Bethléem.

Légende italienne

Les remords de la sorcière

Quand elle eut terminé de balayer, Befana s'assit dans son fauteuil moelleux et se mit à contempler une mappemonde. Elle calcula alors la distance qui séparait le Moyen-Orient du sud de l'Italie et commença à se sentir un peu coupable.

« Ces pauvres vieillards n'arriveront jamais à Bethléem, se dit-elle, et leurs chocolats étaient vraiment délicieux... »

Soudain, Befana se leva d'un bond et fit apparaître en un clin d'œil un sac énorme rempli de friandises. Il était léger comme une plume... Normal, les bonbons étaient magiques !

Elle enfourcha son balai magique – pour information, sache que c'est Befana qui lança la mode de ce moyen de transport chez les sorcières. Puis, elle partit à la recherche des Rois mages égarés. Peut-être étaient-ils encore dans les villages environnants ? Befana entra dans toutes les maisons qu'elle trouva sur son chemin et distribua des friandises au passage, pour se faire pardonner son espièglerie.

Le jour des Rois mages

Pendant ce temps, les Rois mages s'étaient rendu compte que Befana s'était moquée d'eux quand l'étoile brillante réapparut dans le ciel. Ils la suivirent de nouveau.

Le 6 janvier, au petit matin, ils arrivèrent enfin aux portes de Bethléem. Marie et Joseph, les parents de l'enfant Jésus, les attendaient et se sentirent soulagés de les voir enfin arriver.

Quant à Befana, jamais elle ne réussit à retrouver les Rois mages pour leur demander pardon. Mais depuis, afin d'expier sa faute, elle entre dans les maisons en Italie tous les 6 janvier, et distribue aux enfants des bonbons et des cadeaux. Elle garde l'espoir de croiser un jour le chemin des trois braves vieux hommes et de pouvoir enfin leur présenter ses excuses.

Fin

Légende mexicaine

Le miracle de l'étoile de Noël

Savais-tu que l'étoile de Noël, cette plante magnifique aux fleurs minuscules et aux grandes feuilles rouges en forme d'étoile, est originaire du Mexique ? Les missionnaires espagnols la baptisèrent ainsi car c'est précisément le 24 décembre que ces fleurs révèlent leur plus grande splendeur. Son nom en langue aztèque est *cuetlaxóchitl* et au Mexique, on raconte une belle légende pour expliquer son origine.

Une veillée de Noël particulière

Camila, comme tous les enfants du village mexicain d'Olinalá, adorait Noël. Son moment préféré était la veillée de Noël, à l'heure de la messe de minuit, quand tout le village se dirigeait vers l'église pour faire une offrande à l'enfant Jésus.

Mais ce réveillon était particulier. Le père de Camila avait perdu son emploi cette année… C'est pourquoi Camila n'avait pas d'argent pour acheter des fruits, des sucreries ou des jouets pour l'enfant Jésus.

Tout l'après-midi, la fillette, inquiète, chercha un moyen d'obtenir quelques pièces afin d'acheter un cadeau digne de ce nom.

Au marché

« Joyeux Noël, mademoiselle Adela, dit la petite fille à la vendeuse de fruits, en admirant les magnifiques pommes et les barquettes de fraises rouge vif. Si seulement j'avais assez d'argent pour acheter une petite barquette et l'apporter sur l'autel, pensa-t-elle.

– Joyeux Noël, mademoiselle Camila, lui dit la vendeuse sur un ton sympathique.

– À vous aussi, madame. Pourrais-je vous aider à tenir la boutique pour gagner quelques pièces ? demanda la fillette.

– Aujourd'hui, ça ne sera pas possible, ma petite Camila. Les gens sont déjà en train de se préparer pour la messe de minuit, et je vais bientôt devoir ranger mon étalage. Mais prends quelques bonbons pour toi et pour tes frères. »

Camila remercia la jeune femme et se dépêcha de rentrer chez elle. La nuit tombait déjà et il fallait encore qu'elle dîne et trouve un cadeau avant la messe.

À la maison

À Olinalá, comme dans beaucoup d'autres villages du Mexique, lors des neuf nuits qui précèdent Noël, les familles et les amis se réunissaient pour aller à la messe en chantant de maison en maison.

Ensuite, ils dînaient ensemble à l'auberge du village pour célébrer la nuit de Noël.

Cependant, ce soir-là, Camila et sa famille fêtèrent la nuit de Noël ensemble à la maison.

Ils firent un dîner tout simple composé de galettes de riz et de haricots rouges et Camila partagea les bonbons pour les distribuer à ses petits frères.

Messe de minuit

Un peu avant minuit, les cloches sonnèrent pour annoncer le début imminent de la messe.

« Viens ici, Camila, je vais t'arranger cette tresse, lui dit sa maman. C'est déjà l'heure d'aller à la messe.

– Non maman, lui répondit Camila au bord des larmes. Cette année, je ne peux pas y aller. Ce n'est pas possible, je n'ai aucun cadeau à offrir à l'enfant Jésus.

– Qu'est-ce que c'est que ces bêtises, ma chérie ? Bien sûr que tu vas venir à la messe avec nous tous. Je veux que tu comprennes quelque chose de très important : il n'y a pas de plus beau cadeau que celui que tu portes dans ton cœur. »

Camila acquiesça tout en retenant ses larmes. Elle irait donc à la messe pour ne pas attrister sa maman.

L'ÉGLISE

Toutes les rues du village étaient bondées de personnes qui se dirigeaient vers l'église ; elles étaient vêtues de leurs plus beaux habits et avaient dans leurs mains des offrandes pour fêter la naissance de Jésus.

Camila marchait derrière ses parents, faisant exprès d'être un peu à la traîne. Quand elle arriva à la porte de l'église, elle s'arrêta et les laissa entrer sans elle.

Il était hors de question qu'elle les suive : elle n'avait même pas une bougie à placer sur l'autel !

Camila se cacha alors dans l'ombre de la vieille sacristie et se mit à pleurer. À l'intérieur de l'église, on entendait la musique des mariachis avec leurs guitares et leurs chants joyeux.

L'ANGE

« Camila, mon enfant, arrête de pleurer. »

Qui lui parlait ? Camila leva la tête et regarda autour d'elle, très surprise, car il n'y avait personne. Elle était certaine que ce n'était ni la voix de son papa, ni celle de sa maman. On aurait plutôt dit la voix d'un enfant.

« Camila, tu vois ces feuilles vertes qui poussent autour de mes ailes ? Cueille-les et emmène-les dans l'église. »

Des ailes ? S'il parlait d'ailes, il ne pouvait s'agir que d'un oiseau, ou peut-être… d'un ange ! Camila dirigea alors son regard vers l'ange de pierre qui surplombait la porte de la sacristie. Autour de lui, poussaient des mauvaises herbes… très laides. Elle n'allait tout de même pas les amener à l'enfant Jésus ?

« Écoute-moi et n'aie pas peur, Camila. Arrache ces herbes sauvages et amène-les jusqu'à l'autel de l'enfant Jésus. »

Camila ne vit pas bouger les lèvres de la statue de pierre, mais c'était bien l'ange qui lui parlait… Il n'y avait aucun doute possible. Elle avait honte de remettre un tel présent à l'enfant Jésus, mais elle n'osait pas désobéir à l'ange. Elle arracha donc avec force les herbes sauvages, et s'arrêta quand ses bras ne pouvaient plus accueillir la moindre petite plante de plus ; elle avait constitué un énorme bouquet touffu de feuilles vertes.

LE MIRACLE

Camila entra dans l'église, inquiète et apeurée. Les gens allaient-ils se moquer d'elle en voyant sa triste offrande ? Elle avança vers l'autel les mains tremblantes, sans regarder les autres… mais personne ne rit. Et là, devant les centaines de bougies qui entouraient la silhouette de l'enfant Jésus, elle s'agenouilla et laissa couler une larme sur la misérable offrande qu'elle tenait dans ses bras.

Comme par miracle, au contact de cette larme d'amour, les vulgaires feuilles vertes prirent une couleur rouge vif et une forme d'étoile. Tout le monde laissa échapper une exclamation car jamais personne n'avait vu de fleurs aussi belles !

« Joyeux Noël, petit enfant Jésus », murmura Camila, heureuse de son offrande.

Depuis ce jour, les Mexicains appellent cette plante magnifique « l'étoile de Noël ».

Aujourd'hui, elle pousse abondamment un peu partout et chaque Noël, elle décore les maisons et les églises du monde entier !

Fin

La légende du Père Noël

Le mythe de NICOLAS DE BARI. Savais-tu qu'un personnage réel a inspiré la légende du Père Noël (que l'on appelle aussi Santa Claus) ? Il s'agit d'un évêque chrétien d'origine grecque appelé Nicolas de Bari. On raconte que c'était un homme très bon, qui a consacré toute sa vie à aider et faire plaisir aux enfants. Il y a plusieurs histoires mythiques sur saint Nicolas. Celle qui lui a valu son rôle de distribuer des cadeaux mettait en scène un homme pauvre et ses trois filles. Les trois jeunes femmes n'avaient pas la dote nécessaire pour se marier et semblaient condamnées à rester célibataires. On raconte qu'en apprenant cela, l'évêque Nicolas se glissa en secret par une fenêtre de la maison et plaça une bourse d'or dans chacune des chaussettes des filles. Celles-ci pendaient à la cheminée pour y sécher.

À une certaine époque, le mythe de Nicolas de Bari s'est mélangé à celui de Joulupukki, le Père Noël finlandais né en Laponie. Il s'agissait d'un jeune homme lui aussi nommé Nikolas – mais avec un K – qui avait tragiquement perdu ses parents quand il était petit. Les familles du village décidèrent de s'occuper de lui. Comme elles étaient très pauvres, chacune d'elles le nourrissait et l'hébergeait dans leur maison pendant un an.

Pour remercier ces familles, il sculptait des jouets de bois qu'il distribuait aux enfants.

Une fois adulte, il conserva cette habitude et commença à en donner aux enfants des villages voisins. On raconte qu'il mourut très vieux et qu'en souvenir de sa merveilleuse habitude, les familles des villages perpétuèrent la tradition !

De Saint Nicolas à Santa Claus

Tu te demandes certainement d'où vient le nom de Santa Claus. Et bien voilà :

Les immigrants hollandais fondèrent la ville de New York en Amérique, et chaque mois de décembre, ils faisaient une fête en l'honneur de son patron, appelé Sinter Klaas.

En 1809, l'écrivain Washington Irving écrit une satire sur la ville de New York et se moque de la prononciation anglaise de « Sinter Klaas ». C'est ainsi qu'il fut renommé « Santa Claus ».

À partir du personnage d'Irving, un autre écrivain, Clement Clarke Moore, écrit en 1823 un poème pour les enfants. Il raconte pour la première fois une visite très semblable à celles qui seront pour nous celles de Santa Claus ou du Père Noël. Nous t'offrons ici une version en prose de ce poème.

Une visite de saint Nicolas

Tout est arrivé la veille même du jour de Noël, alors qu'aucune créature ne bougeait dans la maison, pas même une souris. Les chaussettes étaient accrochées à la cheminée, dans l'espoir que saint Nicolas arriverait bientôt. Tous les enfants étaient couchés dans leur lit et leur petite tête dansait au rythme des rêves de Noël qui les agitaient. Maman et moi venions, nous aussi, de nous mettre au lit, bien couverts pour passer cette longue nuit d'hiver.

Soudain, dans l'ombre au-dehors, on entendit un bruit différent de n'importe quel bruit de n'importe quelle nuit. D'un bond, je me suis mis debout et j'ai couru jusqu'à la fenêtre pour soulever le rideau.

La Lune brillait sur la neige, l'éclairant si bien que l'on se serait cru en plein jour. Alors, devant mes yeux ébahis, apparut soudain un petit traîneau conduit par huit rennes minuscules.

Et debout sur le traîneau, se tenait un vieux cocher, minuscule lui aussi et très souriant. Je sus tout de suite que ce devait être saint Nicolas. Ses rennes étaient plus rapides que des aigles… l'homme les sifflait et les appelait par leurs noms.

« Allez, Danseur ! Continue, Fringuant ! C'est bien Furie ! Bravo Comète ! Plus vite, Cupidon ! Grimpez sur le toit, par-dessus le porche. Très bien les amis, grimpez tous sur le toit ! »

Telles des feuilles mortes tourbillonnant dans un ouragan, les rennes volaient dans les airs, et saint Nicolas avec eux ; ils montent toujours plus haut dans le ciel, avec leur traîneau brillant chargé à ras bord de beaux jouets.

Quand il finit par disparaître de ma vue, j'entendis sur le toit les bonds et les pas de danse de chacun des petits rennes.

En tournant la tête, j'aperçus alors saint Nicolas sortant avec agilité de l'encadrement de la cheminée. Il était très chaudement vêtu des pieds à la tête et ses habits étaient tachés de suie. Il portait à l'épaule un sac de jouets.

Il me regarda, et jamais je ne vis d'yeux aussi pétillants.

Quelle joie exprimait les fossettes de ses joues rouges ! Que son nez était drôle, petit et rouge comme une cerise ! La commissure de ses lèvres s'arrondit pour former un sourire radieux et il caressa sa barbe, blanche comme la neige illuminée par un beau soleil.

Entre ses dents, il tenait une petite pipe dont s'échappait une fumée de couleur bleue, formant comme un nuage autour de sa tête.

Son visage était large, et son ventre rond tremblait comme une assiette de gelée chaque fois qu'il riait.

Il ressemblait à un elfe ou à un lutin, rondouillard et très joyeux… Pour finir, malgré mes efforts, je ne pus m'empêcher de rire.

Il me fit un clin d'œil et resta très souriant, me montrant ainsi que je n'avais pas de raison d'avoir peur.

Peut-être ne m'a-t-il pas adressé la parole car il avait beaucoup de travail ?

Il entreprit de remplir de cadeaux toutes les chaussettes et lorsqu'il eut terminé, il s'en alla en remontant avec aisance par la cheminée.

Une fois à bord de son traîneau, il siffla son attelage de rennes et ils partirent tous en volant, plus vite que n'importe quel oiseau.

Mais avant qu'il ne s'éloigne, j'entendis sa grosse voix s'exclamer :

« Bonne nuit et un très joyeux Noël à tous ! »

Fin

Légende grecque

La légende des kallikantzaroi

En Grèce, des créatures très spéciales « animent » les Noëls. Il s'agit des KALLIKANTZAROI, des lutins noirs et poilus, tout petits, mais avec de longs bras et une grande queue. Ils ne sont pas très beaux, ni très sympathiques car leur passe-temps favori est de taquiner les hommes avec leurs espiègleries. Les kallikantzaroi vivent toute l'année dans les entrailles de la Terre, mais à l'approche de Noël, ils sortent des profondeurs. Ils passent dehors douze jours et pas un de plus – d'ailleurs nous devrions dire douze nuits car ils n'aiment pas du tout la lumière du Soleil ! Lors de leur escapade, ils s'introduisent dans les maisons pour y accomplir leurs méfaits et se goinfrent de nourriture ou de sucreries qu'ils trouvent. Quand arrive le 6 janvier, jour des Rois mages ou de l'Épiphanie, ils retournent dans leurs cachettes jusqu'à l'année suivante.

LA JEUNE FEMME QUI RÉUSSIT À TROMPER LES KALLIKANTZAROI

UNE MISSION DANGEREUSE

Il y a très longtemps, sur l'île grecque de Skyros, vivait une jeune femme nommée Alexia. Elle était belle, intelligente et douce, et sa situation ressemblait beaucoup à celle de Cendrillon. Sa belle-mère et sa demi-sœur, des personnes peu instruites et égoïstes, jalousaient la beauté et l'intelligence d'Alexia : dès qu'elles le pouvaient, elles trouvaient le moyen de lui rendre la vie dure. C'est pourquoi Alexia ne fut pas surprise, ce matin du 26 décembre, en pleines fêtes de Noël, lorsque sa belle-mère lui ordonna de traverser la forêt pour aller chercher de la farine au moulin.

Tout le monde savait qu'à la période de Noël, entre le 25 décembre et le 6 janvier, mieux valait éviter dans la mesure du possible de pénétrer dans les bois : c'était la période où les dangereux kallikantzaroi abandonnaient leur demeure située dans les entrailles de la Terre ; ils venaient à la surface pour y effrayer et jouer des tours aux humains chaque fois qu'ils le pouvaient.

L'ARRIVÉE AU MOULIN

Pour traverser discrètement la forêt, Alexia s'était habillée tout en vert afin de se cacher dans les arbustes si nécessaire. Elle avançait lentement, sur le qui-vive, en essayant de ne pas faire de bruit. Arrivée près du moulin, elle appela le meunier, mais n'obtint pas de réponse.

Alexia voulut frapper à la porte mais vit qu'elle était ouverte. Elle décida d'entrer car elle savait que le meunier était un vieil homme... Peut-être était-il malade ?

À peine eut-elle pénétré à l'intérieur du moulin que quelqu'un la poussa et ferma rapidement la porte derrière elle.

Elle vit alors que le meunier était bâillonné et attaché à une chaise, tremblant de peur. Un groupe de kallikantzaroi dansait autour de lui en s'esclaffant d'un rire très désagréable.

Les méchants lutins remarquèrent immédiatement la beauté d'Alexia ; ils commencèrent à se disputer pour savoir lequel d'entre eux emmènerait la jeune femme avec lui quand ils regagneraient leur demeure.

La fausse promesse

Mais Alexia était très maligne. Gardant son sang-froid et les idées claires, elle ne se laissa pas vaincre par la peur et imagina rapidement un plan pour se sauver.

« Charmants lutins, leur dit-elle d'un ton assez convaincant, il n'y a aucune raison de se disputer. Je promets de me marier avec l'un d'entre vous de bon gré. Je choisirai celui qui m'apportera la robe de mariée la plus belle et les joyaux les plus exquis. »

Les kallikantzaroi adoraient tous les jeux qui leur permettaient de se mesurer entre eux.

Aussi, ils ne se le firent pas dire deux fois, et partirent à la recherche du plus bel habit de noces pour la jeune femme. Alexia, pendant ce temps, se mit à moudre le blé, et chaque fois qu'un kallikantzaroi revenait avec des joyaux et des vêtements magnifiques, elle trouvait une objection et ordonnait au lutin d'aller chercher autre chose.

La fuite

Quand Alexia eut rempli deux sacs de blé, elle s'empressa de libérer le meunier.

« Nous allons nous échapper par la fenêtre, lui expliqua-t-elle. Crois-tu que tu pourras t'enfuir dans la forêt ? Moi, je chargerai la mule de ces deux sacs et je m'en irai couverte de tous les habits et bijoux qu'ils m'ont apportés. Ces lutins sont si bêtes que je crois qu'ils ne me verront même pas.

– Je te remercie de m'avoir sauvé la vie, murmura le meunier. Mais fais attention à toi… car même si les kallikantzaroi ont l'air bête, ils peuvent parfois être très dangereux ! »

Sur ces mots, Alexia et le meunier s'échappèrent par la fenêtre et partirent chacun de son côté.

Alexia chargea les sacs sur la mule, parée de tous les bijoux et vêtue des précieuses étoffes. Puis, elle se dirigea vers sa maison d'un pas rapide.

Elle eut la chance de ne pas rencontrer les kallikantzaroi, bien qu'un d'entre eux soit passé très près d'elle à un certain moment. Mais il ne l'a pas vue !

Quand les lutins revinrent au moulin, il leur fallut un bon moment pour comprendre ce qui s'était passé. Ils passèrent presque une heure à la chercher dans tous les coins de la maison et, quand ils comprirent qu'elle s'était enfuie, c'était trop tard pour la rattraper.

L'ÉCHEC DU PLAN DE LA BELLE-MÈRE

Quand Alexia fut de retour chez elle, sa méchante belle-mère était doublement contrariée : d'une part, la jeune femme n'avait pas été enlevée par les kallikantzaroi comme elle l'avait espéré… D'autre part, elle possédait maintenant d'immenses richesses, alors que sa propre fille et elle n'avaient aucune fortune.

« Va tout de suite au moulin et reviens chargée d'or, ordonna-t-elle à sa fille.

– Ne faites pas ça ! C'est très dangereux ! les avertit Alexia. Je partagerai mes richesses avec vous. »

Mais ni l'une ni l'autre ne voulut l'écouter.

Sa demi-sœur partit donc. En arrivant au moulin, elle rencontra la bande de kallikantzaroi, mais elle n'eut pas autant de chance qu'Alexia. Pour commencer, les lutins étaient de fort mauvaise humeur à cause de ce qui venait de leur arriver. Ils ne voulurent passer aucune sorte de marché avec la jeune femme. En plus, elle était grossière et antipathique, et ne possédait aucun des charmes d'Alexia.

Poussés par leur soif de vengeance, ils dépouillèrent la jeune femme de presque tous ses habits puis ils la couvrirent de boue et de feuilles.

Avec cette apparence lamentable, ils la renvoyèrent chez sa mère qui, à partir de ce jour, apprit à ne plus être avide ni méchante.

Fin

La Petite Marchande d'allumettes

C'est la nuit de Noël, et une petite vendeuse n'a même pas vendu une seule boîte d'allumettes. Tous les gens achètent quantité de choses ce soir-là mais pas d'allumettes ! Pour se réchauffer, elle en allume une, puis deux, puis trois… jusqu'à la dernière !

Conte de Noël

Scrooge est un homme avare et égoïste qui refuse de fêter Noël. Mais cette année, toute sa vie va basculer.

Le Sapin

Voici l'histoire d'un petit sapin qui rêve en permanence de vieillir, pour être plus grand et avoir une vie plus intéressante. Mais… il regrettera sa jeunesse.

Le Casse-noix

C'est le réveillon de Noël, Marie et Fritz reçoivent leurs cadeaux. Marie est enchantée par le casse-noix que lui offre son parrain. Avec lui, elle va vivre une incroyable aventure.

Le Cadeau des Rois mages

Délia et Jim, le jeune couple de cette histoire, veulent se faire des cadeaux pour Noël. Mais ils n'ont pas d'argent. L'amour leur permettra de faire preuve d'imagination pour contourner cet obstacle.

La Lettre du Père noël

C'est Noël et le Père Noël n'est pas bien sûr de savoir ce que Susie Clemens lui a demandé. Comme c'est une gentille petite fille, il n'hésite pas à lui envoyer une lettre pour lui poser la question.

Vanka

Depuis qu'il travaille à Moscou comme apprenti chez un cordonnier, le petit Vanka pense beaucoup à son grand-père, qui lui manque énormément. C'est Noël et il décide de lui écrire une lettre.

La sorcière Befana et les trois Rois mages

Dans un village du sud de l'Italie, la sorcière Befana joue un mauvais tour aux Rois mages. Mais, elle le regrette très vite.

Le miracle de l'étoile de Noël

C'est le soir de Noël au Mexique et Camila n'a aucune offrande à faire à l'enfant Jésus. Un ange lui parle et il se produit quelque chose de merveilleux.

La légende du Père Noël

Santa Claus, saint Nicolas, Père noël… Ce ne sont là que quelques-uns des noms de ce merveilleux personnage qui, chaque Noël, entre dans les maisons des enfants les bras chargés de cadeaux.

La légende des kallikantzaroi

Les kallikantzaroi sont des petits lutins poilus, espiègles et dangereux. Ils habitent dans les entrailles de la Terre et sortent pendant les fêtes de Noël pour jouer des mauvais tours aux humains.

Le grand livre des Contes de Noël

va t'emmener dans le monde magique des fêtes de fin d'année.

Qu'importe où nous nous trouvons dans le monde, nous savons tous que la période entre fin décembre et les premiers jours de janvier est synonyme de joie et de générosité...

De nombreux écrivains ont composé des contes, histoires ou nouvelles sur cette période de partage. Nous t'en avons choisi quelques-uns, célèbres, qui nous ont touchés particulièrement. Tu pourras également découvrir des légendes de divers pays ou comment est né le Père Noël.

Comme les fêtes de Noël, du jour de l'an et de l'Épiphanie, ce livre est à partager avec ta famille et tes amis !